5分钟游戏魔法　高效陪伴孩子

COCCOLARIO
拥抱时刻

[意]阿尔贝托·佩莱依 著
[意]芭芭拉·坦波利尼
安子琪 译

四川科学技术出版社

图书在版编目（CIP）数据

拥抱时刻 /（意）阿尔贝托·佩莱依，（意）芭芭拉·坦波利尼著；安子琪译. -- 成都：四川科学技术出版社，2019.2
ISBN 978-7-5364-9352-0

Ⅰ. ①拥… Ⅱ. ①阿… ②芭… ③安… Ⅲ. ①儿童教育－家庭教育 Ⅳ. ①G782

中国版本图书馆CIP数据核字(2019)第018657号

四川省版权局著作权合同登记章　图进字21-2019-005号
Original title: IL COCCOLARIO
World copyright © 2017 DeA Planeta Libri srl, Italy
本书中文简体版专有出版权经由中华版权代理总公司授予甲方

拥抱时刻
YONGBAO SHIKE

出 品 人：	钱丹凝
编 著 者：	[意]阿尔贝托·佩莱依　[意]芭芭拉·坦波利尼
译　 者：	安子琪
责任编辑：	白　鹭　郑　尧
封面设计：	李明宇
责任出版：	欧晓春
出版发行：	四川科学技术出版社
	地址：成都市槐树街2号　邮政编码：610031
	官方微博：http://weibo.com/sckjcbs
	官方微信公众号：sckjcbs
	传真：028-87734037
成品尺寸：	230mm×300mm
印　张：	12
字　数：	188千
印　刷：	北京市雅迪彩色印刷有限公司
版次/印次：	2019年4月第1版　2019年4月第1次印刷
定　价：	78.00元

ISBN 978-7-5364-9352-0
版权所有　翻印必究
本社发行部邮购组地址：四川省成都市槐树街2号
电话：028-87734035　邮政编码：610031

目录

做比萨的厨师	1
夏日的什锦水果	2
骑车去旅行	4
三伏天的童谣	7
马戏团	8
乐队	10
你的脸庞多美丽	12
四月的雨水	14
情绪	16
秋天的雷雨	18
拥抱练习者	20
洗澡	22
彩虹	24
风车的抱抱	26
理发师	29

妈妈的手提包	30
发型师	32
圣诞节的童谣	34
点心师	36
厨房里	38
露天游乐场	40
洗衣机	42
雪的童谣	44
叶子落了	47
万物之声	49
两只小脚丫的童谣	50
旅行箱	52
物品收纳箱	54
农夫	56
花朵的童谣	59

拥抱的方法	60
拥抱：关于身体和心灵的问题	62
拥抱的地图	64
疲倦时的一个拥抱	66
人们应该如何体验身体的接触呢？	68
那些诉说着情绪的拥抱	70
温柔能滋养肌肤	72
不同类型的触碰	74
变为情感记忆的拥抱	76
有助于放松的抱抱	78
滋养身心的拥抱	80
拥抱的节奏	82
拥抱能让人与自己的身体对话	84
索要一个拥抱	86
有益于创造力的拥抱	88
如何把大自然融入一个拥抱中	90

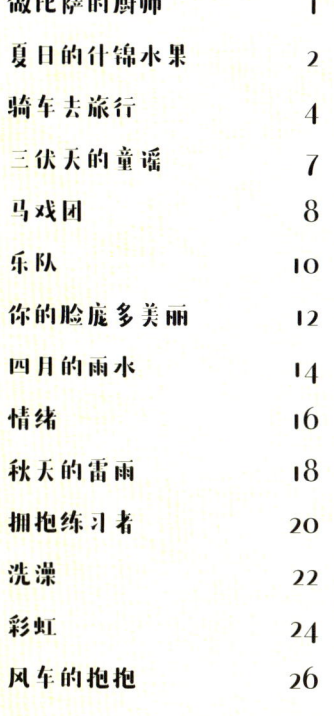

做比萨的厨师

面团躺在案板上，做成比萨需要擀，
揉光，抻展，面团手中圈圈转。
拉拉长，变面片，圆圆薄薄真好看，
白白面粉来填满，四月花粉撒上面。

我将面团推拿揉捻，又将它打散，
把它像布一样铺平，又像火箭一样拉长，
盖满调料细细抹，牛至碎叶微微辣。

重要时刻到来啦：马苏里拉奶酪登场！
把它切成小方块，撒在饼上多漂亮。
比萨送进烤炉里，火焰闪闪发红光。
烤熟出炉啦，一口一口吃掉它，比萨喷喷香。

Tips: 牛至是制作比萨时使用的一种香草。

夏日的什锦水果

切一个杏子、两个苹果、三个红李子，
加些樱桃和桃子，还有六块菲达芝士。
把水果耐心拌匀，倒进杯子里。
但要小心！倒得太多就会掉出去。

掰开一根香蕉，果皮黄灿灿，
榨一些橙子汁，橙子溜溜圆，
添上小块的西瓜和甜瓜，
每一口都甜得乐开花。

水果丰富味又美，健康甜又香，
这是夏天的拥抱，鲜美可口似蜜糖，
它能给你营养、美味、快乐和能量！
什锦水果吃下肚，欢乐满满身体棒。

骑车去旅行

戴好头盔保护头,
你我同出发,旅程乐悠悠。
踩着踏板,我们骑车上路;
蹬车向前又向后,先慢然后快速度。

沿着斜坡上山峰,
气喘吁吁像火车,运动疲累汗水多。
奋力向山顶,美丽风光好山河!
我更加用力蹬车,敢于争先是你我。

开始下山啦,清风扑我面,
飘飘似飞翔……这便是天堂!
我们越骑越快,谁也停不下来,
谁也不捏刹车,快乐怎能懈怠!

相伴一起回家,我解下保护头盔,
两方冰块融化在橘子汽水中。
我一口气饮下,汽水清凉又解渴,
这次旅行多美妙……
你说这样好不好,我们以后常出游,去骑自行车?

三伏天的童谣

太阳是，蓝天中的火球，
一束光线亮闪闪，从天上照下来，
落在脸上，轻抚你脸颊。
阳光往下洒，环抱鼻子和嘴巴，
落在脖颈上，给你挠痒痒，
热情的抚摸像亲吻。
太阳暖洋洋，现在停留在肩膀。
阳光从这里渗入身体，又闪耀在肩上。
光束与火花跳动嬉戏，
环绕着你的手臂来做一场阳光的游戏：
反射、跳跃，玩着捉迷藏；
又藏进胳膊肘里躲猫猫儿。
绕着你的手腕转一圈，
现在你就像只可爱的睡鼠，睡得真香甜。

马戏团

马戏团要演出,来到这城市。
孩子们快快来,精彩的表演现在开始!
动物们轮番出场,观众大饱眼福:
长颈鹿与大象,豹子和小兔。

两百只蚂蚁在地上爬,
排成队伍向前进,整整齐齐吃饭去。
忽然脚步震天响……原来是大象:
大腹便便,步子大大。

蹦蹦跳跳,袋鼠出场:
袋鼠一跳,袋里冒出了鹅和寄居蟹。
长颈鹿摇摆荡秋千,
它的脖子上停着猫、仓鼠、老鼠和鸡。

小心呀,一条游蛇在蜿蜒,
爬上你的脖子,又嘶嘶作响爬下去。
狮子磨磨指甲,低吼咆哮,
树丛中,蝉鸣阵阵。

豹子、美洲狮和熊也在马戏团中,
争吵的朋友和好如初。
演出谢幕,午夜时分,
睡鼠睡着啦,小朋友我们也道晚安吧!

乐队

管弦乐队准备好啦,今晚就要演出:
一场音乐盛宴,快乐大大满足!
长号的声音强壮有力,
就像那风儿吹动着人群。

小提琴声音温柔又细腻,
琴弓来回拉动,琴声悠扬婉转,好像小孩在低语。
现在要打鼓,大家认真听……
鼓声震隆隆,打破寂静,响彻音乐厅。

钢琴家的手指上下翻飞弹得快,
黑白琴键响个不停,合唱团伴着琴声唱得欢,
美妙旋律回荡在空中,
观众的掌声盖过音乐,让它消失在半空。

我们再来吹笛子,用力向笛孔里吹气,
手指盖住笛子孔,十个?百个?数不清。
旋律间奏里,什么乐器响叮叮……
小棒把那三角铁,敲呀敲不停。

听到竖琴响,真是天籁音,
我的手指修长又敏捷,轻轻拨弦弹起竖琴。
一切都安静,演奏铙钹和铜锣,
音乐结束啦,现在上床去睡觉。

你的脸庞多美丽

两只眼睛骨碌碌转,日夜都盯着我看,
我用手指碰碰它们,然后绕着它们转圈圈。
眼皮垂一垂,把眼睛盖住,
现在一切黑乎乎,不见眼前千万物。

眉毛黑黑像森林,
隔开额头和眼睛,
我把它们弄乱又压平,将它们轻轻掠过又缠成团,
现在身体可别动,你呀也不要眨眼睛。

看看鼻子,它长着两个鼻孔,
在我看,好像两只猫咪钻进洞,
它们呼噜呼噜个不停,轻轻地说:"喵!"

它们从洞穴里钻出来,一边迈着小碎步一边说:"再见。"
观察观察那嘴唇,圆圆嘴边划一圈,
我用一只手指温柔抚触它,用力轻轻软绵绵:
上唇轻轻启,让我看看你牙齿,
下唇也微笑,我们的快乐不停止!

你的小脸真可爱,表情多丰富,
眼神笑容里都有情,写满那小脸儿嘟嘟。
我用手指画出你脸庞的轮廓,
在这小小轮廓里,你将那永恒赐予我!

四月的雨水

嘀嘀嗒嗒嘀嘀嗒,
这嘀嗒声是什么在响呀?
是四月里从天而降的细雨哟,
这是一层水做的面纱,美妙又轻柔。
天空掉下无数小雨滴,
雨水湿润万物,落在屋顶和院里。
雨水也湿润了我的宝宝,
湿了他的脑袋瓜、头发、脸颊和鼻子。
雨滴顺着脊背淌呀淌,
现在把一个个小水坑都满上。
我们跳进水坑里,发出"嘀克-嗒克"的声音,
这时雨还在继续下……"嘀嗒"声响个不停,
雨水填满小肚脐,变成小湖泊,
又从里面溢出来,你猜我要说什么?
我把雨水接在桶里面,
双手洗过后,干干净净一整天。

情绪

恐惧跑来了,在肚子里做个窝,
一切都结冰,都被它困住,大声尖叫,它的力量吓到了我,
它让我发抖,让牙齿打战,
它一个都不放过,痛苦折磨不间断。

悲伤跑来了,无神的眼睛,苍白的脸,
当它跑进我心里,让我孤单又疲倦。
现在你离我近一点,给我亲亲和抱抱,
这样我就不害怕,助我把悲伤全赶跑。

心情紧张，脸颊通红，可怕的愤怒来了……
它侵入你的身体，把你锁在它的笼子里，
你浑身发烫，脸庞火红。
慢慢做个深呼吸，怒火渐渐消下去。

一种情绪能打败黑暗和烦恼，心里留个位置给它，
它让你又跳又叫：它就是快乐呀。
它是新鲜高涨的浪潮，快乐到来时，你要准备好！
在快乐的海浪里潜下去，游上来，冲冲浪，快乐多美妙。

秋天的雷雨

跑来跑去，你追我赶，是那空中的积雨云，

它们撞在一起就停下来，变成生气的大乌云，

风儿呼呼吹，乌云加快跑，

你听到雷声响隆隆，看见闪电在燃烧。

雨水倾盆下，颗颗大水滴，

落在街道上，淋湿行人衣。

湿了优雅女士的秀发，

一只小母猫跳进水坑里，溅起小水花。

风儿用力吹拂，弄乱你的头发，

雨把它们又淋湿，头发湿嗒嗒，仍然漂亮又光滑。

天冷打寒战，起了层层鸡皮疙瘩，

天空黑压压，星星都看不见啦。

宝贝现在需要温暖，妈妈立刻把你抱在怀里，

暴风雨终于散去无踪影。

安安全全被保护，心里暖洋洋，

现在干爽又暖和，宝宝熟睡在小床上。

拥抱练习者

有没有人告诉过你,我做的是什么工作?
又美好又有趣:我是拥抱练习者。
我要给你一千个拥抱,还有我温柔的爱抚,
好像一首最甜蜜的乐曲,滑过你的肌肤。

轻轻抚摸你的脸,
挠挠你的背,痒得咯咯笑开颜,
闭上双眼,我轻触你的眼皮,
在你肉嘟嘟的小脚上,我轻抚千百回。

按摩小肚皮,肚子鼓鼓像小山,
给你晚安吻,还有早安吻,
乖乖不要哭,给你拥抱和抚摸,
吹口气,开心笑,好像微风暖心窝。

拥抱甜蜜像糕点,
大人孩子带笑脸。
我们来拥抱,你那可爱的小脸上,
开心的笑容像阳光。

洗澡

钻进浴缸里,现在要洗澡,
洗得喷香又干净,开心到飞起。
手中拿浴花,把那乳霜和浴皂,
在背上涂涂抹抹,上下左右都涂好,

现在我们洗洗脸、鼻子、耳朵和眼睛,
上下眼皮要闭紧,别让浴泡钻进去!
擦擦脸颊和下巴,用劲擤擤小鼻子,
脸蛋白里透着红,最最可爱是孩子。

现在来洗头,在头发上倒一些香波,
我用十个手指肚,在你头上轻轻搓。
按摩头皮真舒爽,赛过荡秋千,
背上搓上两三把,洗个澡儿心里甜。

洗好出浴了,我们涂上润肤露,
打着圈圈慢慢抹,天上星星闪闪烁烁。
心情快乐又平静,好像乳酪绵又软,
睡觉时间到,为你唱支摇篮曲,我们说晚安。

彩虹

红色是火山里喷涌而出的岩浆，
橙色是鹈鹕嘴巴的大大皮囊，
黄色是将皮肤晒得黝黑的太阳公公，
蓝色是怀抱着月亮和星星的天空，
绿色是给花朵挠痒痒的小草，
青色是爬满墙头的藤蔓，
紫色是一只翩翩起舞的蝴蝶停在你的脸颊，
合上眼睛做个梦，生活多么美丽呀！

风车的抱抱

风车转悠悠，你让它跑得好快啊，
好像裹着糖浆的冰激凌，五颜六色都融化，
融化的奶油淌呀淌，从头发到脸颊，
你舔舔小嘴，可它什么痕迹都没留下……

风车转悠悠，你若要它慢慢跑，
你就能看到那红色、白色、蓝色的风叶，还有那黄灿灿的藏红花。
把藏红花放进焗饭，细细拌。
焗饭热乎乎，大口大口吃下肚！

风车转悠悠，扑面阵阵是清风，
打乱这颜色，十种，三十种，一百种，
百万种色彩，让我高兴得跳起来。
这风车的抱抱赶走了烦恼，让快乐又回来！

Tips：藏红花是制作西式焗饭时使用的调味料。

理发师

有一天，每个男孩子的脸蛋上面，
都会长出好多细绒毛，爬满脸颊和腮边。
为了让皮肤变得红润又光滑，
我们来刮刮小胡子，太阳星星对你笑哈哈。

剃须泡沫像奶油，
涂在脸上按按摩，小睡一觉梦悠悠。
然后我用小指甲帮你把泡沫刮干净，
这快乐的挠痒痒，让你充满活力和开心。

喷喷小香水，它也不能少，
香水洒下来，清新好闻香宝宝。
现在安安静静好放松，
胡子刮干净，脸蛋光滑，挂满笑容。

妈妈的手提包

一只鲜艳的口红，涂上嘴唇红似火，
我把它打开转出来，为了好玩只涂一点点哦。
一盒香粉，是大地的颜色，
我拿它抹抹脸，脸蛋全染成棕黄色了。

一张购物清单，咖啡店的小票，
那甜甜的咖啡，也给我一些好不好？
一个毛绒玩偶，它是我最爱的小熊哟，
它好软好软，我捧着它，用脸蛋蹭蹭，又用手指摸摸。

小小的一瓶香水,你想不想要喷一喷?
薰衣草、水果和玫瑰的香氛。
一张停车小票,一支钢笔,一方手帕,
一个装满化妆品的小包包,里面还有眼影呀。

手提包像口井,井底是个百宝箱,
每当天阴下起雨,它就是我最喜欢的游戏天堂。
现在我把东西收拾好,通通放回包包里,
我呢,留在包外面,因为妈妈的手提包我钻不进去。

发型师

按摩头部,弄乱头发,
我把它们打成卷,这样就更好看啦。
我双手灵活,像猫咪跑动一样碎步颠颠,
一会攀上屋顶,一会跳上塔尖。

现在动手剪发,修理修理刘海儿,
剪下一缕头发,掉在肚皮上。
靠近肩膀的头发,我将它轻轻剪下,
两边不再分叉……多漂亮的发尾呀!

现在该用洗发精了,
揉搓揉搓,立刻出现好多泡沫。
手指在头上打圈千百遍,
你呀,好像美餐一顿后的猫咪,舒服得呼噜连连!

现在是香膏和精油时间：
它们有点打滑，不小心掉下一滴落在胸前。
现在头发变得干净有光泽，
这样的头发真美丽，浓密、闪亮，还有好颜色。

拿起吹风机，吹干湿头发，
然后拿起发刷，我们来梳梳它，
一条头路，铺在正中间，
满头发丝，整整齐齐分两边。

发型时间结束啦，宝贝上床睡觉吧，
什么时候需要再去理发店呀？
当你的头发又变得好长，
是呀，头发长得又多又快，像那树丛里的蘑菇一样！

圣诞节的童谣

天上有颗星星,闪闪发光,照耀着一个小孩子。
在这平安夜,当他睡在小床上时,
梦见驯鹿拉的车在星星之间滑行回转,
车上装满礼物和惊喜,又多又大又好看。

闭上眼睛,做个好梦,我的宝宝睡得甜,
乖乖躺在小床上,静静睡在壁炉边。
圣诞老人爬下来,步子轻轻又慢慢,
你想要的东西都悄悄堆放在地板。
第二天起来找呀找,一觉醒来多美好,
所有期盼的礼物,在这圣诞节都收到。

点心师

搅拌鸡蛋黄,加入面粉和砂糖,
膨松又白细,弹弹软软好像霜,
然后把这些食材混合在一起搅搅搅,
放进烤箱里等待它慢慢发胀。

另一边来做奶油馅,香香甜甜世无双,
涂在烤饼上,春季水果来做酱,
草莓、梨子和樱桃:味道真迷人!
小孩站在橱窗前,馋得直舔小嘴唇。

现在我们用力吹吹气,来给泡芙填内馅,
就用做好的巧克力和奶油馅!
泡芙柔软,一口咬下去,满口奶油香又甜,
拿着餐巾擦擦嘴,揩得好干净。

爱的烘焙多美好,
果仁饼、开心果、扁桃仁,满满温情不会少,
慕斯、巧克力,也给我的小孩涂一点,
他摇身一变,也变成一个巧克力甜点!

厨房里

把火腿切片,小面饼填馅,
但是要切得细细,薄得像纸片。
一小撮盐,一大把芝麻菜叶不能少,
一个红番茄,还有一片白奶酪。

现在我们做焗饭,食材烤得焦黄又喷香,
撒上切细的洋葱碎,橄榄油要洒上。
我们留锅在火上,让它慢慢加热,
把生米倒进锅里,美味需要调和。

加入热乎乎的高汤,鸡肉和蔬菜真营养,
阵阵美味扑鼻,口水流了下来,食欲胃口大长!
我要擦出许多许多的奶酪碎末,
米饭做熟以后,往里撒奶酪末的任务就交给我。

Tips:芝麻菜是一种可以用来制作沙拉的绿叶生菜。

我吃得撑撑，肚子满满，别的食物再也吃不了，
今晚的面饼和焗饭吃得够饱。
咦，那个是什么？是一颗软软的布丁呀，
它是香草味的！我投降：就吃一小勺吧……

晚餐吃好了，妈妈要好好喝杯咖啡，
爸爸不要咖啡，奶奶呢，要一杯茶水。
按摩按摩小肚子，促进消化身体棒，
现在我要去睡觉，甜甜一觉到天亮。

露天游乐场

露天游乐场真好啊!
这里有旋转木马,
一会高来一会低,黑马、红马和黄马。
我们飞上天空去,乘着大飞盘,
我跟大家问声好,坐在高处往下看。

坐在过山车上,上下翻飞速度快,
头朝下,倒过来,阳光下面转圆圈,天气晴朗真不坏。
过山车停下来,我们现在喘口气!
尝尝粉红棉花糖,味道甜蜜蜜。

看呀,一条金鱼!我们来把它捉住吧?
你来丢一个小球,试着投中它。
好棒啊!小球投中了,金鱼要归我,
养在叔叔的鱼缸里,游来游去多活泼。

时间到啦,人们纷纷把家回……
请你再等一下下,在这多待一小会儿!
再坐一次旋转木马,最后开心这一回,
如果你呀答应我,生气抱怨我绝不会。

洗衣机

我用衬衫和毛衣,填满洗衣机,
往滚筒里压一压,许多衣物挤呀挤。
衣服揉揉皱,有点小臭臭,现在是洗衣服的时间,
三月四月五六月,每个月都有洗衣的好时机。

按下"开始"键,洗衣机转动起来多奇妙,
节奏有序又美妙,充满乐趣,从不无聊。
这钢制的洗衣滚筒,先快快转,又慢慢摇,
滚筒转呀转,我呀开心地笑啊笑。

咦,是什么在响?是离心机动起来啦,
把衣物甩起来,扭起来,晃起来……多么好玩呀!
甩衣服多有趣,好像电视播节目,
永远看不厌,一分钟也不想误。

忽然灯闪闪,"停止"键跳起来,
洗衣机呀停下来,我去把滚筒打开。
件件衣物洗得又香又清新,
妈妈把衣服看看又闻闻,说:"看呐,洗得多干净!"

雪的童谣

今晨好惊喜,我看到,雪花从空中纷纷落下,
圆片形的小雪花白又白,覆盖万物像面纱。
看呀:房屋、街道、树丛,还有我的小花园,
这雪花啊,要把我的宝贝也盖在下面!

它落在你的小脸上，一片片，静悄悄，
鼻子尖，脸颊边，额头上，温温柔柔轻飘飘，
落在头顶上，像顶帽子，柔软又蓬松，
盖住脊背和小腹，冰冷霜雪做斗篷。

雪花洁白落手心，雪花冰凉落小脚，
雪花从头盖到脚，宝宝变成个雪宝宝！
我来轻轻吹热气，冰雪快融化，还我乖宝宝。

白雪都融化，身上不冷啦。
雪花白白，雪花冰冰，雪花软软，落在脸颊，
我的抱抱也是雪花，点亮快乐笑哈哈。

叶子落了

叶子落了,从树枝上掉下来,
在蔚蓝的半空里轻轻旋转徘徊。
当风儿用力吹拂,树叶就开始飞舞翩翩,
风带着叶子到处跑……风里的叶子有十片,三十片,一百片!

当风不再吹,叶子也都静下来,
只有一片叶,留在枝头摇摇摆摆。
一会摇向这一边,一会摆到那一边,
用尽全力挂枝上,留恋不愿离开树。

是呀,秋天来到了,叶片纷纷落,
但是还有一些叶子,令风儿也无可奈何!
因为呀,树叶发芽成长时,树枝的奉献少不了,
叶片深深爱着枝条,它们真想永远相拥到老。

但大家都要踏上旅程,或迟或早,
到底该走哪条路,我们要选好。
终于有一天,最后这片叶,也从枝头落下来。
现在十一月,清晨的阳光在摇曳,
"再见,我就要走啦,但我永远会珍惜,
我对于你的记忆,它一直会在我心里,我答应你!"

万物之声

"嘀、嗒",钟表走个不停,
小小表针,分秒指得清……现在七点整!
"轰隆、轰隆",汽车在轰鸣,
载着你呀向前行,挥挥手儿离家去。
"呜——呜——",火车冒黑烟,
黑烟直直冲上天,在很远的地方都能看见。
"哗、哗",游泳声音像歌曲,
一个猛子扎下水,蓝色世界多神奇,
潜、潜,摸到底,蹬腿游上水面去。
"啪、啪",观众鼓掌声音响,节目精彩世无双!
快快再抱我一次,一小会儿也不停止。

两只小脚丫的童谣

一只伤心的小脚丫，走在小路上，
它肉乎乎，软绵绵，但是这样孤单又悲伤。
它碰到另一只小脚丫，它对这只小脚丫说："你愿意和我做个伴吗？"
于是，它们一起去找国王的塔楼啦。

两只小脚丫走啊走，天黑黑，风怒吼，霜雪呼呼下，
两只脚冻得冰冰冷，因为它们没有衣服，连一片纱也没有呀！
冰像一根针，刺得脚跟疼，
大冷天里走出门，这很需要勇气呢。

为了能够结束旅程停下脚步，继续向前走。
赶走疲惫，我需要一阵暖风，轻柔地抚慰……
这不，忽然间，风儿吹起来，
冰化了，融化的雪水滴下来。

热风吹呀吹，寒冷的冰块融成水，
水滴在一只小脚丫上淌啊淌，又流到另一只脚丫上，哎呀喂！
小小脚丫温温热，洗得好干净。
小路边，长满云杉和松树，两只小脚继续向前行。

慢慢走，终于到达路尽头，快快看前面，
一个影子高高大大，形状圆圆，
到了，我们到了，那就是塔楼！
右脚先迈步，左脚赶紧追，小孩快跑哟。

这里就是目的地，我们走到国王面前啦，
一千只号角齐声吹，嘀嘀嗒嗒嘀嘀嗒。
两只小脚丫累极了，躺在沙发上，
困得闭上小眼睛……现在呼呼睡得香！

旅行箱

旅行箱里装满东西，我们看看有什么：
一把梳子，它的齿至少有三十三个，
你拿它来梳梳头，梳子在头上慢慢爬，
它在头发上动来动去，多像一条蛇啊。

我找到一把发刷，用它梳理你的卷发。
当你闹脾气的时候，我来给你擦擦眼泪吧，
就用衣服口袋里那块漂亮的手帕，
是那件紫红色上衣的口袋呀……

一瓶香水香又香，它就藏在行李包，
我来给你喷一点，快把眼睛闭闭好。
香气浓烈多奇异，嗅嗅这芬芳！
香水洒在你面庞，飘满房间处处香。

还有高尔夫运动服,两只袜子,一条长围巾,
拖鞋和便鞋,还有两只靴子。
一个天鹅毛做的粉扑,化妆刷也有两支,
有涂嘴唇用的口红,还有解渴的果汁!

我的行李箱,是个百宝箱哟,
箱子里宝贝数不尽,金银财宝全都有。
里面有什么,现在你已全知道,
地毯中央满当当,边边角角也一样,堆满东西乱糟糟。

物品收纳箱

一个棉团沾满爽身粉,柔软爽滑,
我把粉扑在脸上,先轻轻拍,后用力搽。
我吹一口气,它就像朵白云,缓缓飞走,轻轻软软,
在空中飘来飘去,从不疲倦。

滚动那结实的滚筒,它是粉刷匠的好工具,
它在宝宝的背上滚呀滚,上来又下去,
它先迅速停下,然后滚着向前跑,最后在背上滑呀滑。
如果你也喜欢小滚筒,明天就把它送你啦!

锤子在墙上用力地砸,
砸在一根钉子上,一下又一下,
锤子砸呀砸,钉子往墙壁里钻呀钻,
钻进墙里看不见……只剩一个尖尖在外面。

柔软又精致,一把小毛刷,
毛刷从顶刷到底,从帽刷到鞋呀,
轻轻刷在你的眼皮上,又在脸颊边转个圈,
最后从脖子往下滑,滑到肚皮边。

农夫

有一块庄稼地要播种,
但要先犁地和开垦,然后才能去播种。
拖拉机在柔软的大地上开呀开,
轮子没进土地里,发动机轰隆作响转起来。

在开垦好的土地上,现在把种子撒下去,
这件事情慢慢来,不能焦躁不能急!
现在土地播好种,有一天禾苗会长出,
庄稼地要喝水,天赐甘霖和雨露。

作物生长靠太阳，阳光灿烂热量足，
雨露滋润庄稼地，蒸汽升腾，雨水蒸发变成雾，
微风吹拂万物干爽，清晨夜晚好清新，
农夫把一切都看在眼，把对好收成的盼望藏心里。

生产作物收成多，农夫做得多么好！
对待土地和种子就像对待自己的孩子，他把庄稼精心照料。
农夫辛勤劳作，带着希望，耐心满满，
金秋好丰收，人人都喜欢。

花朵的童谣

报春花开,春天到,
花朵向太阳,丝丝香气飘。
玫瑰的尖刺扎到手,
加上力度又慢悠悠,捏一下小手有点疼。
一朵黄色的向日葵,跟着太阳转啊转,
它转呀,转呀,转呀,一直转到下雨天。
温柔的水滴纷纷落,滋润茉莉花,
浓浓芬芳喷鼻香,朵朵洁白是芳华。
清风微微来,在空中纷飞的哟,
是那阵阵花粉,乘着风儿传播。
现在闭上眼睛,有一片花瓣,
挠挠你的脸,你的脖子,最后落在心间。
你听那"咚咚"的鼓点正在奏响生活之歌,
现在你到花园里去,寻找雏菊花一朵!

拥抱的方法

《拥抱时刻》这本书的第二部分讲述的是**为何拥抱在亲子关系中如此重要的一些简单科学理由**,并特别提出了几点有助于使拥抱成为一种日常习惯的小建议。

来自母亲或者在婴儿出生头几个月里固定的照顾者的温柔爱抚,对孩子来说是一个重要的保护因素,它能在最大程度上使孩童长大后发展成为自信且稳定的人。这并非一句出于经验直觉的断言,而是一个科学的事实:在美国卡罗莱纳州杜克大学的一项研究也提出了同样的观点,这项非常有趣的研究耗时超过了34年。在20世纪60年代,研究人员对500个8周大的婴儿进行了详细的科学观察,这些婴儿在研究中与母亲互相拥抱,进行亲密的肢体互动。34年之后,这些婴儿已经长成大人,科学研究者对他们再次进行了研究,发现那些母亲更加温柔热情的孩子明显安静平和,他们更少焦虑,并与其他人相比没有出现心理问题。这说明,**在初始的人际关系中所建立的纽带联结是一个人心理发展成熟的基础,而拥抱就是这种联结所必需的养料**。

"**拥抱**"究其意义指的是"人们愿意互相接受的东西,且带有物质性的内涵"。所以,"拥抱"就是一种**两个人之间进行的,对珍贵美好事物的交换**,这种交换能使参与其中的人身心受益。

但是,大人拥抱孩子的时候必须遵守一条严肃的规定:**绝不可以触碰隐私部位**。对于很小的孩子来说,在换尿片时触碰到他们的小屁股是可以的。再如,父亲或母亲可以在给小孩子洗澡时向他们讲解一些关于身体的知识,但仅在这些情况下,拥抱才可以涉及隐私部位。人们绝不会为了拥抱而去观看、研究私密的部位。拥抱可以激发生理上非常愉悦的感受,但这种愉悦感绝不能够越界与性兴奋混淆。

其实,拥抱所带来的快乐是建立在亲密关系的力量上的,而非建立在性兴奋之上。大人也可以把这一点解释给孩子听,并将它作为孩子自我保护,避免遭受性侵害的一条重要准则。

肢体上的接触可以唤起重要的情绪，这些情感常常是令人愉悦且快乐的，而有些时候却令人厌倦与不适。**重要的是，要通过训练让孩子们形成表达自己感受的能力，尤其是能够离开任何让他感到不适的情境，保护自我的能力。**表达所感受到的情绪，获得对自己身体的认知，明白不同的部位或者不同类型的触碰代表什么含义，这是一种十分重要的学习。

　　此外，对于一个正在成长的孩子来说，基本任务就是充分了解自己的身体，即对身躯的全面认知。爱抚孩子的肌肤就是一个帮助他们熟识自身的机会。

　　请尽情地享受拥抱吧！

拥抱：
关于身体和心灵的问题

本书中的童谣描写了现实或幻想中关于拥抱的场景，孩子可以很容易就在脑海中构建出这些画面。

拥抱变成了身体上的一种体验，但它同时也作用于思想：当孩子想象着一个情境或是一连串互相关联的动作时，大人轻轻触碰孩子的身体，使他做出相应的肢体动作来配合想象中的场景。

"我想象着做一个比萨所需要的所有步骤，然后把自己的身体当作一个面团，先擀面皮，再往里填馅儿。"这种双重渠道的感官体验，即一边听着童谣一边感受身体上的触碰，能够使你们的孩子在这个特殊的时间段里抛开日常生活中所有的事务，专注沉浸于他自身，享受一种非常平静的放松状态。

这首关于比萨的童谣可以让身体自发地动起来，这些动作要轮流做，来模仿制作比萨的每一个步骤。

你们一起做一个"面团"，一块儿把它压扁，再重新把它团起来，用手掌把它擀长，做出绕圈圈的动作，用指尖轮番施加压力，来让面团充分伸展开。

做比萨的厨师

最适合模仿做这个动作的地方，是孩子的脊背！需要一个建议，让他平趴在你们的腿上，或者趴在你们面前一个舒适的平面上，揉面需要的小工作台就准备好了！

面团躺在案板上，做成比萨需要擀，
揉光，抻展，面团手中圈圈转。
拉拉长，变面片，圆圆薄薄真好看，
白白面粉来填满，四月花粉撒上面。

我将面团推拿揉捻，又将它打散，
把它像布一样铺平，又像火箭一样拉长，
盖满调料细细抹，牛至碎叶微微辣。

仔细地涂抹调料。试着用手掌朝上的方式来涂抹，好像手就是一只大勺子那样。

重要时刻到来啦：马苏里拉奶酪登场！
把它切成小方块，撒在饼上多漂亮。
比萨送进烤炉里，火焰闪闪发红光。
烤熟出炉啦，一口一口吃掉它，比萨喷喷香。

捏几小撮牛至，把它四处点缀在比萨上，把马苏里拉奶酪切成许多小丁。

怎么让孩子感受到烤炉呢？用手掌迅速地在孩子的背上摩擦，让他感受强烈的热量。

比萨已经做好了，现在呢轻轻地小口小口咬咬孩子的背，仿佛它是世上最美味多汁的比萨！

 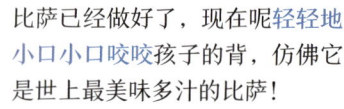

阅读第1页

能够运用思维来进行想象是需要学习的一项极其重要的能力。在一个平静的状态下训练想象的能力，没有别的干扰，激发孩子在情绪上能够良好独处的潜能，这样每当需要时，孩子就能立刻从一个拥抱中重新找回自己的一方小天地。

这是一个完全依靠创造力来完成的抱抱！一起想象孩子的身体就是现在要做的一份美味多汁的什锦水果。

夏日的什锦水果

你们一起做出将水果切片的样子，把手来当作水果刀，然后假装你们手上有一只勺子，一起将切好的水果拌匀。

切一个杏子、两个苹果、三个红李子，
加些樱桃和桃子，还有六块菲达芝士。
把水果耐心拌匀，倒进杯子里。
但要小心！倒得太多就会掉出去。

掰开一根香蕉，果皮黄灿灿，
榨一些橙子汁，橙子溜溜圆，
添上小块的西瓜和甜瓜，
每一口都甜得乐开花。

把手指当作许多细小的香蕉，假装在掰折它们。

水果多彩味又美，健康甜又香，
这是夏天的拥抱，鲜美可口似蜜糖，
它能给你营养、美味、快乐和能量！
什锦水果吃下肚，欢乐满满身体棒。

想象一只里面充满彩色水果的万花筒，水果们都被切成了小小的果片，吃起来滋味甜美。

阅读第2页

63

拥抱的地图

身体的每一个部位都有一定的敏感性。

和你们的孩子一起探索，在身体不同部位进行同样的触碰，是如何激发不同反应的。帮助孩子了解身体如何对不同的触碰反应，并识别出哪些触碰能够引发他愉悦的情绪，这是件很美好的事。

可以在哪些身体部位进行触摸的尝试呢？

手肘的顶端
头部（整个头皮都布满了丰富的神经末梢）
膝盖内侧的皮肤褶皱
后颈（脖颈后面，发线以下的部分）
肚脐眼

肘部内侧的皮肤褶皱
眼睛周围的区域
（上下眼睑）
脚底
耳后
大腿内侧
背部

骑车去旅行

这是一次创造拥抱的好机会——在一次绝妙的骑行旅程中！

戴好头盔保护头，
你我同出发，旅程乐悠悠。
踩着踏板，我们骑车上路；
蹬车向前又向后，先慢然后快速度。

沿着斜坡上山峰，
气喘吁吁像火车，运动疲累汗水多。
奋力向山顶，美丽风光好山河！
我更加用力蹬车，敢于争先是你我。

开始下山啦，清风扑我面，
飘飘似飞翔……这便是天堂！
我们越骑越快，谁也停不下来，
谁也不捏刹车，快乐怎能懈怠！

相伴一起回家，我解下保护头盔，
两方冰块融化在橘子汽水中。
我一口气饮下，汽水清凉又解渴，
这次旅行多美妙……
你说这样好不好，我们以后常出游，去骑自行车？

可以用手指在孩子的皮肤上画出许多小圈，让他记住车轮转动的样子。最好能让抚摸的节奏随着而路线行程变化。

用又慢又重的抚摸，让孩子感受一个真正的向上的斜坡。

而为了模仿下降的状态呢，需要用更快的节奏去抚触小孩子，力度要轻轻的，点到即止。

此刻让你们的想象力激情发散吧！凭喜好来丰富童谣的内容，时刻关注孩子的想法和偏好。

一个小贴士

可以每次在孩子身体上来模仿不同的事物，同时探索诗中列出的身体部位，以及其他更多的部分！

 阅读第4页

请孩子**闭上眼睛，感受自己的呼吸**。你们要时刻保持对孩子的关注，并且帮助他弄明白哪些拥抱方式是他最喜欢的。

让孩子想象，躺在一片美丽又柔软的草坪上，**太阳**的光线照射在上面。

三伏天的童谣

告诉孩子，**去感受太阳光照在脸上的热量**，然后用一只手指轻轻去抚触孩子的脸庞。

太阳是，蓝天中的火球，
一束光线亮闪闪，从天上照下来，
落在脸上，轻抚你脸颊。
阳光往下洒，环抱鼻子和嘴巴，
落在脖颈上，给你挠痒痒，
热情的抚摸像亲吻。
太阳暖洋洋，现在停留在肩膀。
阳光从这里渗入身体，又闪耀在肩上。
光束与火花跳动嬉戏，
环绕着你的手臂来做一场阳光的游戏：
反射、跳跃，玩着捉迷藏；
又藏进胳膊肘里躲猫猫儿。
绕着你的手腕转一圈，
现在你就像只可爱的睡鼠，睡得真香甜。

轻轻抚弄孩子的**嘴巴**和**鼻子**。

阳光轻轻拂过**脖颈**，落在肩头。

最后，这束阳光变得有些调皮捣蛋了，它在**胳膊**上蹦蹦跳跳，直到把自己隐藏在**手肘**的褶皱里。

但是呢，太阳光不能停留得太久，太阳去睡觉之前，它没办法绕着你的**手腕**跑完一圈啦。

阅读第7页

疲倦时的一个拥抱

拥抱的头号敌人就是疲倦。有多少次，我们精疲力竭回到家，只想安静地享受片刻清净世界？这种时候如果和孩子接触可能会令情绪更加烦躁。父母都会发现，当你越是想离开杂事烦恼恢复一下元气，孩子越是在这时候提出各种要求，希望你去关注他们。好像小孩从很小的时候就配备了一种雷达，就连最微弱的疲倦信号都能被他们捕捉到。"我感觉到你想远离我，所以我要想尽办法地靠近你。"这条规律会让家长内心抓狂头脑短路，所以大家应该学会怎样避免这种艰难时刻。这里有两条简单的建议：

● **向孩子讲述你们的疲累。**但是不要把这变成一项习惯。不论大人还是小孩可以这样做："我需要自己待一会儿（15到20分钟，对于更小的孩子来说，使用计时器可以帮助他们把握时间），因为我觉得好累（比如说，下班回来或完成一项艰难的任务时）。"达成这项共识是在子女成长过程中维持良好亲子关系的一个重要前提，当他们长大后就需要面对如何给自己减压的问题了。

● **拥抱可以是互相的。**如果大人紧张又疲累，而孩子精力充沛（小孩子们通常是这样的），那么此时能改善情况的一个好主意就是父母让孩子**来拥抱自己**。而对于孩子来说，做令父母高兴的事情是一份美好的人生经历。

马戏团

用不同的触摸手法和速度代表不同的动物：用**指尖**模仿蚂蚁细碎的小步子，用**整个手掌**模仿大象笨重的脚印。

马戏团要演出，来到这城市。
孩子们快快来，精彩的表演现在开始！
动物们轮番出场，观众大饱眼福：
长颈鹿与大象，豹子和小兔。

两百只**蚂蚁**在地上爬，
排成队伍向前进，整整齐齐吃饭去。
忽然脚步震天响……原来是大象：
大腹便便，步子大大。

蹦蹦跳跳，**袋鼠**出场：
袋鼠一跳，袋里冒出了鹅和寄居蟹。
长颈鹿摇摆荡秋千，
它的脖子上停着猫、仓鼠、老鼠和鸡。

小心呀，一条**游蛇**在蜿蜒，
爬上你的脖子，又嘶嘶作响爬下去。
狮子磨磨指甲，低吼咆哮，
树丛中，蝉鸣阵阵。

豹子、美洲狮和熊也在马戏团中，
争吵的朋友也和好如初。
演出谢幕，午夜时分，
睡鼠睡着啦，小朋友我们也道晚安吧！

被拥抱的人肚子朝下趴着，而拥抱者就**把他的背当作一个很大的马戏场。**

为了模仿**爬行的蛇**，用手沿着整个背部做出爬行的样子。而在模仿**狮子的指甲**时，手指在背部轻轻抓挠，引起肌肉愉悦的轻颤。

这首童谣将会启发亲子**一同创造**许多多美妙的拥抱；大人们可以自己去发现**拥抱治愈疲倦的力量**。

一个小贴士

如果你们想要同孩子尝试这样的拥抱，建议亲子双方可以互换位置。大人们腹部朝下趴在一个柔软的平面上，孩子可以在你们的背上创造性地做出模仿各种动物的动作：表演平衡的狗狗，跳芭蕾的青蛙，跳高的千足虫，等等。

阅读第8页

乐队

管弦乐队准备好啦，今晚就要演出：
一场音乐盛宴，快乐大大满足！
长号的声音强壮有力，
就像那风儿吹动着人群。

小提琴声音温柔又细腻，
琴弓来回拉动，琴声悠扬婉转，好像小孩在低语。
现在要打鼓，大家认真听……
鼓声震隆隆，打破寂静，响彻音乐厅。

钢琴家的手指上下翻飞弹得快，
黑白琴键响个不停，合唱团伴着琴声唱得欢，
美妙旋律回荡在空中，
观众的掌声盖过音乐，让它消失在半空。

我们再来吹笛子，用力向笛孔里吹气，
手指盖住笛子孔，十个？百个？数不清。
旋律间奏里，什么乐器响叮叮……
小棒把那三角铁，敲呀敲不停。

听到竖琴响，真是天籁音，
我的手指修长又敏捷，轻轻拨弦弹起竖琴。
一切都安静，演奏铙钹和铜锣，
音乐结束啦，现在上床去睡觉。

如果你们要给孩子一个这样的拥抱，可以给他一组有趣有声，像旋风一样的抚摸：对着他的小肚子吹吹气，搞出一些好玩的小声响来，让小家伙咯咯笑。

让孩子倚靠在大人肩上，把小孩的身体当作小提琴，大人的手臂当作琴弓，假装来来回回地拉着提琴。

大人模仿钢琴家的手指，在孩子的小肚皮上弹奏，让孩子忍不住地痒痒。

手指轮番弹动，做出演奏笛子的样子。那么三角铁呢？简单地用手指在胳膊上敲击就可以啦！

这里不给大家提供建议了，请自由发挥模仿打鼓吧！

模仿竖琴时，用一只手轻抚背上的"琴弦"，简单地一击则表示现在是"敲锣"的时间了。

模仿一次热烈的掌声呢，可以假装用双手"压扁挤碎"孩子身体的一些部分，来表现响亮纷乱的鼓掌。

阅读第10页

人们应该如何体验身体的接触呢？

不是对任何人来说，拥抱都是一件愉快放松的事情的。 部分大人和孩子在被拥抱时会感到不自在，也许抚摸和拥抱对他们来说是过分亲近的举动，这些接触会令他们不舒服。所以，为了更好地体验一次拥抱，我们需要在被别人触碰时关注并尊重自己的感受。

近距离仔细地观察孩子的脸庞，来帮助他体会从这个拥抱中流露出的情感！

你的脸庞多美丽

从眼睛开始：用一只手指在闭着的眼睑上画出小小的圆圈。你们也可以让孩子睁着眼睛来一起做这样的互动。

两只眼睛骨碌碌转，日夜都盯着我看，
我用手指碰碰它们，然后绕着它们转圈圈。
眼皮垂一垂，把眼睛盖住，
现在一切黑乎乎，不见眼前千万物。

眉毛黑黑像森林，
隔开额头和眼睛，
我把它们弄乱又压平，将它们轻轻掠过又缠成团，
现在身体可别动，你呀也不要眨眼睛。

当你们注视着孩子的眼睛时，轻轻爱抚他弯弯的双眉。

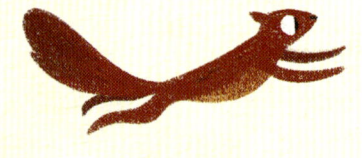

看看鼻子，它长着两个鼻孔，
在我看，好像两只猫咪钻进洞，
它们呼噜呼噜个不停，轻轻地说："喵！"
它们从洞穴里钻出来，一边迈着小碎步一边说："再见。"

现在要观察观察小鼻子了，手指掠过直到鼻尖，绕着两个鼻孔画圈圈。

现在把手指移到嘴唇上，这是脸上非常敏感的部位，也尝试给它施加一点轻轻的压力。

观察观察那嘴唇，圆圆嘴边划一圈，
我用一只手指温柔抚触它，用力轻轻软绵绵：
上唇轻轻启，让我看看你牙齿，
下唇也微笑，我们的快乐不停止！

你的小脸真可爱，表情多丰富，
眼神笑容里都有情，写满那小脸儿嘟嘟。
我用手指画出你脸庞的轮廓，
在这小小轮廓里，你将那永恒赐予我！

阅读第12页

爱抚着孩子脸庞的轮廓，一边温柔地念出这最后一节诗。别忘了最后问问孩子，他从这次拥抱这首童谣中感受到了什么样的情绪？

我们可以称围绕在身体周围，半径大约半米的这么一个空间为"亲密区域"，如果他人进入这片区域，就会触发一系列的反应。一直到孩子长到三岁，和父母之间的关系都是这个空间里发生作用的，孩子与孩子之间的身体接触也非常频繁。通常对于成人来说，这片空间只用于和亲密的人交流互动。

面部，尤其是眼睛，最能够衡量人与人之间的关系亲密程度，代表了对于他人进入亲密空间的认可。

四月的雨水

把孩子抱起来放在腿上，让他的脸转过来对着你们。

滴嘀嗒嗒嘀嘀嗒，
这嘀嗒声是什么在响呀？
是四月里从天而降的细雨哟，
这是一层水做的面纱，美妙又轻柔。
天空掉下无数小雨滴，
雨水湿润万物，落在屋顶和院里。
雨水也润湿了我的宝宝，
湿了他的脑袋瓜、头发、脸颊和鼻子。
雨滴顺着脊背淌呀淌，
现在把一个个小水坑都满上。
我们跳进水坑里，发出"嘀克-嗒克"的声音，
这时雨还在继续下……"嘀嗒"声响个不停，
雨水填满小肚脐，变成小湖泊，
又从里面溢出来，你猜我要说什么？
我把雨水接在桶里面，
双手洗过后，干干净净一整天。

用指尖快速地敲击，让孩子听那四月的小雨声，蒙蒙细雨先落在头顶，然后是脸颊，鼻尖，最后落到背上和肚皮上。

最后要做的事呢，就是看着孩子的眼睛，在他整个小脸上好好抚摸一下。"喔。雨停了哟。"大人要向上仰视，微笑着把这句话告诉孩子。

阅读第14页

那些诉说着情绪的拥抱

拥抱是在母亲和新生儿之间最先发展起来的"语言"，并且是我们去发现其他事物的基础。学会使情绪达到共鸣是一项美好的人生体验，这是孩子未来与他人交流的基石。一开始，大人们来观察孩子，并尝试描述出他正在经历的情绪状态。对孩子描述他所感受到的情绪，对于帮助他分辨并专注感受自身情感是至关重要的。**恐惧**会令身体变僵硬；**快乐**会让身体充满能量；**悲伤**会让人哭泣，让胃口和腹部收紧；**愤怒**会把情绪点燃，怒气会爆发；**惊喜**会让眼睛和嘴巴张大；最后，**厌恶**会让人闭住嘴巴，把脸转开。在下面这首童谣中大家将会探索这前四种情绪。

父母们，你们每一天都有无数机会可以对孩子表述各种不同的情绪感受，拥抱可以作为一种实时又令人愉快的手段，通过这种动作姿态传递和孩子间的温存慰藉。一个被拥抱的孩子不会惧怕哪怕是最令人劳神的情绪。经营好亲子关系，一项很重要的任务就是**能够感知到对方的情绪**。这件事只属于你们二者，父母与孩子。

情绪

摸摸孩子的肚皮，去抚触**恐惧**所在的部位，让这个抚摸的动作由生硬沉重到轻柔。当孩子感到害怕时，就会回想起这种温暖的抚摸。

与这首童谣搭配的触碰能够帮助孩子认识到，在体验不同的情绪时，**身体哪些部位反应最明显**。

恐惧跑来了，在肚子里做个窝，
一切都结冰，都被它困住，大声尖叫，它的力量吓到了我，
它让我发抖，让牙齿打战，
它一个都不放过，痛苦折磨不间断。

看着孩子的眼睛，抚摸他的心口，**悲伤**让人变得迟缓又难过。然后在此抚摸孩子，给他拥抱和亲吻。这样孩子就能学会在需要的时候自信地索取拥抱和爱抚。

悲伤跑来了，无神的眼睛，苍白的脸，
当它跑进我心里，让我孤单又疲倦。
现在你离我近一点，给我亲亲和抱抱，
这样我就不害怕，助我把悲伤全赶跑。

用力地揉搓搓搓孩子的胳膊和腿，包括上半身和脸庞，**愤怒**把人点燃，在身体里烧起一把怒火。

心情紧张，脸颊通红，可怕的**愤怒**来了……
它侵入你的身体，把你锁在它的笼子里，
你浑身发烫，脸庞火红。
慢慢做个深呼吸，怒火渐渐消下去。

用力度越来越轻柔的抚摸来帮助孩子放松全身。**专注于自己的呼吸**是一种"驯服"怒火的方式。

一种情绪能打败黑暗和烦恼，心里留个位置给它，
它让你又跳又叫：它就是**快乐**呀。
它是新鲜高涨的浪潮，快乐到来时，你要准备好！
在快乐的海浪里潜下去，游上来，冲冲浪，快乐多美妙。

在表现**快乐**的情绪时，抚触可以变得热情有力，同时也要令人愉悦。

阅读第16页

70

但是，也有许多不恰当的拥抱，它们对被拥抱者来说并不是一件礼物，而会像陷阱一样把人困住。这里有一些实例：父母想要抱孩子时，就把他弄醒然后拥抱他，尽管此时孩子正在安静地睡觉；唤回正在玩耍或在观察东西的孩子，只为了把他强行拉入怀中拥抱他；打扰孩子安静放松的独处时间，让他去做一项并不安静的活动或强制他接受一个不想要的拥抱；或者一直不断对他重复与父母接触的必要性——你真的爱妈妈！你确实喜欢抱抱！没错你就是愿意跟我待在一起！

秋天的雷雨

雷雨常引起孩子内心一些 很强烈的情绪，是那种很小的孩子能够感知到的情绪！

掀动床单 让孩子听风声，每次模仿打雷的时候就敲打一次盒子。

大家都钻在被单下面，装作 天黑了 的样子。

跑来跑去，你追我赶，是那空中的积雨云，
它们撞在一起就停下来，变成生气的大乌云，
风儿呼呼吹，乌云加快跑，
你听到雷声响隆隆，看见闪电在燃烧。
雨水倾盆下，颗颗大水滴，
落在街道上，淋湿行人衣。
湿了优雅女士的秀发，
一只小母猫跳进水坑里，溅起小水花。
风儿用力吹拂，弄乱你的头发，
雨把它们又淋湿，头发湿嗒嗒，仍然漂亮又光滑。
天冷打寒战，起了层层鸡皮疙瘩，
天空黑压压，星星都看不见啦。
宝贝现在需要温暖，妈妈立刻把你抱在怀里，
暴风雨终于散去无踪影。
安安全全被保护，心里暖洋洋，
现在干爽又暖和，宝宝熟睡在小床上。

用一个 温暖又结实的拥抱 来配合这首童谣，这能够在天空突然布满闪电打起响雷时安抚孩子的恐惧。可以用一个损坏的盒子来模拟雷电的声音。

用你们最温柔甜蜜的声调把这句话念出来！妈妈的怀抱随时敞开，为孩子 安抚一切恐惧。

童谣结束时，把孩子抱在怀里，父母的怀抱是他安全的庇护所。

阅读第18页

一个小贴士

在阅读时，根据阅读内容展现的不同氛围，提高音调并加强语气。

温柔能滋养肌肤

除了五感,人们认为应该再加上一种切实存在的"抚感",用以描述爱抚触摸对于我们大脑的作用。我们的皮肤上布满了神经末梢,它们对触碰非常敏感,但是如果他人对我们进行错误的抚摸,或者我们撞在了家具上,它们就不能被激活。而每一次当他人用温柔的手法抚摸我们,在我们的大脑中就会发生十分重要的变化。研究者已区分了部分特殊的神经元,它们在皮肤被温柔爱抚时就会被激活。这种神经信号比其他神经信号传输得更慢,它不紧不慢地到达大脑,引发放松的感觉,这种幸福感令我们永不满足。

对于妈妈和爸爸来说,拥抱的确是一门应当被掌握的技能。让这些押韵的词句引导着你们,来学习对孩子进行温柔的抚触。

拥抱练习者

有没有人告诉过你,我做的是什么工作?
又美好又有趣:我是拥抱练习者。
我要给你一千个拥抱,还有我温柔的爱抚,
好像一首最甜蜜的乐曲,滑过你的肌肤。

轻轻抚摸你的脸,
挠挠你的背,痒得咯咯笑开颜,
闭上双眼,我轻触你的眼皮,
在你肉嘟嘟的小脚上,我轻抚千百回。

按摩小肚皮,肚子鼓鼓像小山,
给你晚安吻,还有早安吻,
乖乖不要哭,给你拥抱和抚摸,
吹吹气,开心笑,好像微风暖心窝。

拥抱甜蜜像糕点,
大人孩子带笑脸。
我们来拥抱,你那可爱的小脸上,
开心的笑容像阳光。

首先摸摸小脸蛋,然后是脊背,肉乎乎的小脚丫,还有小肚皮。这首童谣的主要内容就是抚摸。

为了保证这次体验是真正令人愉悦的,用热水洗手以确保双手不是冰冷的。如果双手干燥皲裂,就用一些手霜使双手变柔软。抚摸时用整只手,先用手指肚来轻轻按压,再用手掌心画着圈圈按压,交替来做这些动作。人在进行这些抚摸的时候需要身心放松。

一个小贴士
记住,紧张焦虑的情绪会传染给孩子,所以在这甜美的拥抱时刻要尽量放松自己哦!

阅读第20页

这种体验，胎儿在子宫内的时候就已经感受到了：羊水温柔地环抱，让胎儿**在一种幸福的状态下学会放松自己**。

受本能驱使的新生儿只能完成少数事情：当他觉得不舒服的时候就哭（比如饿了，困了……），他们懂得吮乳来填饱肚子，并且知道被放在摇篮里摇晃或者被抱在怀里是能让他们开心放松的事情。

通过抚摸，妈妈可以用一种孩子能够懂得的语言来和他交流。被父母亲抱在臂弯里轻轻摇晃，被温柔爱抚，被按摩抚触，这些都可以让孩子重新找回在妈妈肚子里的那种幸福安宁的感觉。

拥抱孩子时，*假装现在是洗澡时间*，这是一个帮他放松并哄他入睡的好方法。

洗澡

钻进浴缸里，现在要洗澡，
洗得喷香又干净，开心到飞起。
手中拿浴花，把那乳霜和浴皂，
在背上涂涂抹抹，上下左右都涂好。

现在我们洗洗脸、鼻子、耳朵和眼睛，
上下眼皮要闭紧，别让浴泡钻进去！
擦擦脸颊和下巴，用劲擤擤小鼻子，
脸蛋白里透着红，最最可爱是孩子。

现在来洗头，在头发上倒一些香波，
我用十个手指肚，在你头上轻轻搓。
按摩头皮真舒爽，赛过荡秋千，
背上搓上两三把，洗个澡儿心里甜。

洗好出浴了，我们涂上润肤露，
打着圈圈慢慢抹，天上星星闪闪烁烁。
心情快乐又平静，好像乳酪绵又软，
睡觉时间到，为你唱支摇篮曲，我们说晚安。

还可以用*温和湿润的手掌触碰数次*，来使孩子区分已有的经验，并将其更轻松地应用到洗澡时刻里。

阅读第22页

一个小贴士

一些很小的孩子也许不能一开始就适应与水的接触，在洗澡时间以外再现这首童谣会对他们有帮助。

不同类型的触碰

遍布全身皮肤的神经末梢使得我们**对于不用类型的触碰格外敏感**。身上对拥抱敏感的神经末梢分布较少的唯一部位是手掌和脚掌：这两个区域被赋予更多的其他功能，比如抓握东西，以及在行走时支撑地面。

人体是一个神奇的领域，对人体的探索了解永远不会穷尽。用心去倾听自己的身体是件很重要的事，而现在科学技术把情感缩略成了简单的视觉效果，不再注重整个身体的感受。

模仿鹈鹕的嘴巴是很简单的！**用食指轻轻滑过**孩子的嘴唇，这是一个有节奏性又亲昵的抚摸。

彩虹

红色是火山里喷涌而出的岩浆，
橙色是鹈鹕嘴巴的大大皮囊，
黄色是将皮肤晒得黝黑的太阳公公，
蓝色是怀抱着月亮和星星的天空，
绿色是给花朵挠痒痒的小草，
青色是爬满墙头的藤蔓，
紫色是一只翩翩起舞的蝴蝶停在你的脸颊，
合上眼睛做个梦，生活多么美丽呀！

为了模仿岩浆流动的样子，**用手指在孩子身上滑动**，从头到脚，抚遍全身，抚摸力度要大一点，好像不断覆盖裹挟着前进的岩浆一样。

用手掌心轻轻按摩身上的某一些点，来向孩子表现太阳把皮肤晒黑的样子。

在小肚皮上轻挠许多下，这代表绿茸茸的小草。

用手指由下而上抚过身体，这是一根向上生长的藤蔓。在身体较平坦的地方抚摸得慢一些（比如腹部和背部），然后在抚摸其他部位时则加快一些。

用手指肚轻轻拍打，这是停在孩子身上的小小蝴蝶。

一下下简短又轻柔地抚摸孩子的脸庞，这是布满夜空的星星。需要再来一条建议？注视孩子的双眼，它们好像在脸上点亮的两个光闪闪的灯塔。

一个小贴士

这首童谣中的每个颜色都对应着一个自然元素，大人需要用手在孩子身上做动作来"模拟"出这些事物。大家一起观察人体对于不同的触碰做出的反应，一起享受美好的拥抱时光吧！

阅读第24页

要教育孩子学会**用心倾听自己的身体**,一边玩耍一边体验不同的身体触碰,这可以让孩子形成宝贵的自我认知。

下面这首童谣建议将不同类型的抚摸与对自然元素的视觉体验相结合:这是一种帮助放松的方式,**大人和小孩子在紧张焦虑的时候都可以用到它!**

这个抱抱可以用一种非常有动态性的方式来进行,就像**一个真正的游戏**一样。

风车的抱抱

让孩子躺在地上。拉住他的手带着他转起来:如果孩子还小,转的时候就让他从地上站起来;如果是大一些的孩子,就让他在地板上一边滑一边转。

风车转悠悠,你让它跑得好快啊,
好像裹着糖浆的冰激凌,五颜六色都融化,
融化的奶油滴呀滴,从头发到脸颊,
你舔舔小嘴,可它什么痕迹都没留下……

风车转悠悠,你若要它慢慢跑,
你就能看到那红色、白色、蓝色的风叶,还有那黄灿灿的藏红花。
把藏红花放进焗饭,细细拌,
焗饭热乎乎,大口大口吃下肚!

风车转悠悠,**扑面阵阵是清风**,
打乱这颜色,十种、三十种、一百种,
百万种色彩,让我高兴得跳起来。
这风车的抱抱赶走了烦恼,让快乐又回来!

根据童谣中描述的不同场景来**改变动作的节奏**。

阅读第26页

75

变为情感记忆的拥抱

有的拥抱能够陪伴我们一生：摇篮曲，诗歌，我们所记得的多年前的小小舞蹈，它们都是我们情感记忆的组成部分。一旦成年后，我们就会发现自己在把同样的拥抱传递给我们的孩子，就好像一条联系着情感的红色丝线。

这个拥抱能够被加进一个很棒的家族故事中，因为它讲述的是一件所有的爸爸们都会去做的事情：刮胡子。这项活动既吸引男孩子，又能勾起女孩子们好奇心，尤其是在用到剃须泡沫的时候。

理发师

让孩子坐在你们对面，用一条床单把他裹起来。用胡刷在脸颊上轻轻画圈，来假装在脸上涂抹柔软的剃须膏。

有一天，每个男孩子的脸蛋上面，
都会长出好多细绒毛，爬满脸颊和腮边。
为了让皮肤变得红润又光滑，
我们来刮刮小胡子，太阳星星对你笑哈哈。

让指甲排成一排滑过孩子的颧骨，就像刀片刮干净满脸的胡须一样，仔细地刮鼻子下面的胡须，还有下巴下面和脸颊上的。有时还可能需要稍微修剪一下，就像大人们做的那样，过后马上需要稍涂些膏霜来舒缓皮肤。

剃须泡沫像奶油，
涂在脸上按按摩，小睡一觉梦悠悠。
然后我用小指甲帮你把泡沫刮干净，
这快乐的挠痒痒，让你充满活力和开心。

可以真的喷一些香水或者假装象征性地喷喷，并用张开的手多次轻拍整个面部，来使皮肤充满活力元气，并且让香水吸收。

喷喷小香水，它也不能少，
香水洒下来，清新好闻香宝宝。
现在安安静静好放松，
胡子刮干净，脸蛋光滑，挂满笑容。

把裹着孩子的床单取下来，在他没有胡子的柔软的小脸上亲吻一下，剃须结束。

一个小贴士
购买一些小物品：买把干净的胡刷，一张小床单和一瓶香水。

阅读第29页

每个孩子都需要记住一些礼俗习惯,这一点很重要。大人有责任帮助孩子去构建这个记忆,它渗透在生命中的重要时刻里,其中意义最大的,当属孩子自己为人父母的时候。

一边读这首童谣,一边带着孩子进行一次触觉上的体验。需要事先准备好一些物品:口红(可以闻到香味的),干净的粉刷,两方用来制作有香味的衬垫的纱布或者棉布。

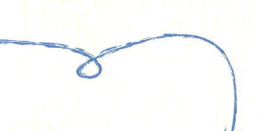

妈妈的手提包

一只鲜艳的口红,涂上嘴唇红似火,
我把它打开转出来,为了好玩只涂一点点哦。
一盒香粉,是大地的颜色,
我拿它抹抹脸,脸蛋全染成棕黄色了。

一张购物清单,咖啡店的小票,
那甜甜的咖啡,也给我一些好不好?
一个毛绒玩偶,它是我最爱的小熊哟,
它好软好软,我捧着它,用脸蛋蹭蹭,又用手指摸摸。

小小的一瓶香水,你想不想要喷一喷?
薰衣草、水果和玫瑰的香氛。
一张停车小票,一支钢笔,一方手帕,
一个装满化妆品的小包包,里面还有眼影呀。

手提包包像口井,井底是个百宝箱,
每当天阴下起雨,它就是我最喜欢的游戏天堂。
现在我把东西收拾好,通通放回包包里,
我呢,留在包外面,因为妈妈的手提包我钻不进去。

阅读第30页

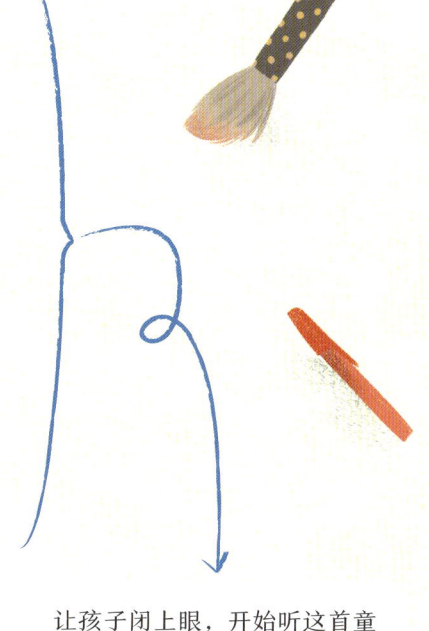

让孩子闭上眼,开始听这首童谣,当念到上文那些物品的名称时,让他闻闻该物品的气味,或者(用粉刷和长毛绒)轻轻拂扫他的面部。

一个小贴士

父母要给自己也准备一些简单的有香味的垫子——两块纱布或者化妆棉,随自己的喜好用芳香的东西涂满它们:用一小勺咖啡,一些薄荷叶子,一些香水。然后把它们折回来制成小袋子(就像装糖果的小盒子似的)。这样的亲子互动一定会乐趣无穷!

有助于放松的抱抱

本书所讲述的童谣里，有很多首都非常适合在**哄孩子入睡的时候**来读或者听。娓娓道来的甜美韵律和充满爱意的抚摸能够帮助孩子消除白天累积的紧张，把头脑从影响入睡的焦虑中解放出来。

如果是怀着这样的目标去进行拥抱的话，最好**避免使用太激动的语调**、敲打或者带有刺激的动作，比如催促、小小的拧捏……在其他时候这些动作会很有趣也很适宜，但是此时此刻它们并不适合营造睡眠时间所必需的安静。

人体有一些非常适合这种拥抱的部位，其中的一处就是头部。头部布满了敏感的神经末梢，对身体的触碰就作用在这些神经末梢上面。

发型师

洗头的时间可以**催生出各种可能的拥抱**，大人可以根据孩子的喜好来对这些拥抱进行个性化的调整。

按摩头部，弄乱头发，
我把它们打打卷，这样就更好看啦。
我双手灵活，像猫咪跑动一样碎步颠颠，
一会攀上屋顶，一会跳上塔尖。

模仿剪头发可以**用食指和中指假装成剪刀**，一下一下地修剪一缕缕头发。用这两个手指轻轻"剪"遍孩子全头的头发，一边修剪一边发出"咂咂"的声音模仿剪刀。

现在动手**剪**发，修理修理刘海儿，
剪下一缕头发，掉在肚皮上。
靠近肩膀的头发，我将它轻轻剪下，
两边不再分叉……多漂亮的发尾呀！

装作给孩子洗头的样子，用指尖在整个头皮上**转着画小圈**。这样做对于帮助放松是非常有效果的！

现在该用洗发精了，
揉搓揉搓，立刻出现好多泡沫。
手指在头上打圈千百遍，
你呀，好像美餐一顿后的猫咪，舒服得呼噜连连！

现在是香膏和精油时间：
它们有点打滑，不小心掉下一滴落在胸前。
现在头发变得干净有光泽，
这样的头发真美丽，浓密、闪亮，还有好颜色。

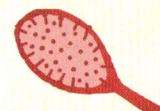

梳头的时候，可以使用**一把真正的发刷轻轻地在头皮上刷一刷**。（如果孩子是留着长发的小女孩的话就要小心一些了，因为发刷的刷头很可能会挂住发丝，在梳头时弄疼孩子。）

拿起吹风机，吹干湿头发，
然后拿起发刷，我们来梳梳它，
一条头路，铺在正中间，
满头发丝，整整齐齐分两边。

现在是吹风机时间：父母可以一边轻轻拨弄孩子的缕缕头发，一边**缓缓向小脑袋上吹气**。

发型时间结束啦，宝贝上床睡觉吧，
什么时候需要再去理发店呀？
当你的头发又变得好长，
是呀，头发长得又多又快，像那树丛里的蘑菇一样！

现在真的该去睡觉了，因为发型师已经结束工作下班啦！

一个小贴士
在进行这个抱抱的时候，孩子应该坐在父母面前，背朝向家长，就像坐在理发店里发型师面前那样。

阅读第32页

这是一首关于一个特别的夜晚的童谣，这天晚上人们许愿实现所有的愿望，还会发生很多美好的事情，有许多惊喜。

圣诞节的童谣

天上有颗星星，闪闪发光，照耀着一个小孩子。
在这平安夜，当他睡在小床上时，
梦见驯鹿拉的车在星星之间滑行回转，
车上装满礼物和惊喜，又多又大又好看。
闭上眼睛，做个好梦，我的宝宝睡得甜，
乖乖躺在小床上，静静睡在壁炉边。
圣诞老人爬下来，步子轻轻又慢慢，
你想要的东西都悄悄堆放在地板。
第二天起来找呀找，一觉醒来多美好，
所有期盼的礼物，在这圣诞节都收到。

准备一个开关容易的小盒子，当这首童谣念完以后，亲子之间可以这样交换礼物：打开盒子，每个人对这盒子里面说一件关于对方的美好的事情，这样所有的话语就不会从盒子里跑出来了，说完以后迅速盖好盒盖，并把盒子藏在家里一个保险的地方，直到圣诞节第二天再打开。互相用力地拥抱一次，让对方感受到你是多么地爱他。

一个小贴士
这个拥抱可以在一个特别的日子里进行，不一定非要在12月25日的圣诞节哟！

阅读第34页

滋养身心的拥抱

在一些日子里，我们会觉得疲倦消极。大人们会这样，孩子同样会有这样的情形：大大小小的沮丧会熄灭热情，让人不想做事情，还会使人觉得不会有任何事物会让我们变得好起来。每当这样的时候，人们唯一需要的就是**一个能使我们沉浸在对于甜蜜的渴望当中的拥抱**，这种感受可以贯穿全身！这首童谣让孩子尽情去拥抱那柔软的奶油和可口的泡芙，这些语句能够唤起人对于烘焙食材的厚重、黏稠、香气、泡沫的感受体验。这个抱抱旨在激发孩子思考想象的能力和对于幸福感的体察。父母这样培养孩子去思考一切美好的事物，在内心储存真善美，这样当人感到疲累倦怠时，就可以从中汲取快乐的能量。

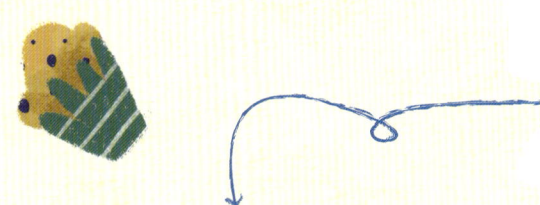

父母亲和孩子一起展开想象，在点心的世界中尽情遨游吧！一起玩耍，模仿一些蛋糕店里进行的典型活动，比如制作一份柔软而有弹性的奶油。

点 心 师

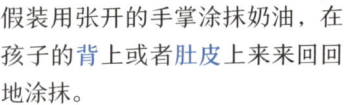

在衣服底下吹气，让孩子感受到食物在发涨和成熟过程所必需的热量。

搅拌鸡蛋黄，加入面粉和砂糖，
膨松又白细，弹弹软软好像霜，
然后把这些食材混合在一起搅搅搅，
放进烤箱里等待它慢慢发胀。

为了搅打奶油并使它膨起，**让手在孩子的肚皮上快速地转动！**

假装用张开的手掌涂抹奶油，在孩子的**背上**或者**肚皮**上来来回回地涂抹。

另一边来做奶油馅，香香甜甜世无双，
涂在烤饼上，春季水果来做酱，
草莓、梨子和樱桃：味道真迷人！
小孩站在橱窗前，馋得直舔小嘴唇。

现在我们用力吹吹气，来给泡芙填内馅，
就用做好的巧克力和奶油馅！
泡芙柔软，一口咬下去，满口奶油香又甜，
拿着餐巾擦擦嘴，揩得好干净。

对着孩子的皮肤**用力吹气**，假装在填充泡芙！

爱的烘焙多美好，
果仁饼、开心果、扁桃仁，满满温情不会少，
慕斯，巧克力，也给我的小孩涂一点，
他摇身一变，也变成一个巧克力甜点！

阅读第36页

大人和孩子一同想象这首诗中所提到的食材的气味和形状质地。

厨房里

把火腿切片,小面饼填馅,
但是要切得细细,薄得像纸片。
一小撮盐,一大把芝麻菜叶不能少,
一个红番茄,还有一片白奶酪。

现在我们做焗饭,食材烤得焦黄又喷香,
撒上切细的洋葱碎,橄榄油要洒上。
我们留锅在火上,让它慢慢加热,
把生米倒进锅里,美味需要调和。

加入热乎乎的高汤,鸡肉和蔬菜真营养,
阵阵美味扑鼻,口水流了下来,食欲胃口大长!
我要擦出许多许多的奶酪碎末,
米饭做熟以后,往里撒奶酪末的任务就交给我。

我吃得撑撑,肚子满满,别的食物再也吃不了,
今晚的面饼和焗饭吃得够饱。
咦,那个是什么?是一颗软软的布丁呀,
它是香草味的!我投降:就吃一小勺……

晚餐吃好了,妈妈要好好喝杯咖啡,
爸爸不要咖啡,奶奶呢,要一杯茶水。
按摩按摩小肚子,促进消化身体棒,
现在我要去睡觉,甜甜一觉到天亮。

所有关于这首童谣中所包含的动作的动词(**切片,填馅,烤到焦黄……**)都可以被创造性地变成可以在孩子身上进行的抱抱。

注意最后这个按摩小肚子的动作。孩子吃得的确是太多了!他需要一些特别的东西,准备一小杯咖啡(事先得用点水洗洗杯子),进行一次长长的按摩,在孩子的肚皮上画圈圈,让这顿饱食被消化,让孩子轻松又安静地入睡。

阅读第38页

一个小贴士

这首童谣提供了一个锻炼想象力的好机会:你们还可以创造关于烹饪的各种其他动作,并在孩子身上模仿出这些活动来,给亲子间的互动增添趣味性和更多有爱的抱抱!

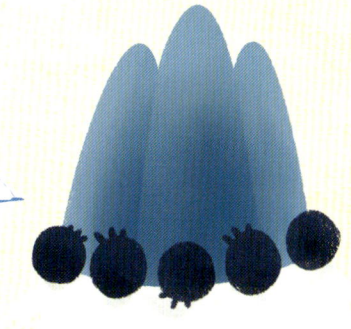

拥抱的节奏

一边听童谣一边拥抱，这要求人能够流畅又放松地协调动作。这份能让人变身出色的拥抱者的体验真是再好不过。这富有韵律的童谣像诗一样，不仅带给孩子想象力，还可以给大人提供一系列的好主意，让人创造出更多可以在孩子身上进行的拥抱。每位父母都应该找到属于自己的节奏，使拥抱这个活动得到更好的扩展延伸。大家第一遍可以先通读童谣，想象其中包含的形象和场景，然后再听着童谣，在希望进行拥抱的地方停下来。

让孩子坐在你们的臂弯里，使他背对你们，并请他系紧腰带。

露天游乐场

父母将膝盖抬高又放低，让孩子像坐在旋转木马上一样一会儿高一会儿低。

为了模仿飞盘，可以将双膝向左右晃动，并同时上下移动，让孩子体验到各种意想不到的转圈圈。为了保障孩子的安全，大人可以用双臂圈住孩子的身体。

露天游乐场真好啊！
这里有旋转木马，
一会高来一会低，黑马、红马和黄马。
我们飞上天空去，乘着大飞盘，
我跟大家问声好，坐在高处往下看。

坐在过山车上，上下翻飞速度快，
头朝下，倒过来，阳光下面转圆圈，天气晴朗真不坏。
过山车停下来，我们现在喘口气！
尝尝粉红棉花糖，味道甜蜜蜜。

把孩子抱紧。当过山车迅速地降落时向前弯腰，可以向孩子的后颈吹气，假装这是往下落的时候吹来的风，然后朝后倒着走，在过山车向上爬的时候把孩子背在背上。

看呀，一条金鱼！我们来把它捉住吧？
你来丢一个小球，试着投中它。
好棒啊！小球投中了，金鱼要归我，
养在叔叔的鱼缸里，游来游去多活泼。

时间到啦，人们纷纷把家回……
请你再等一下下，在这多待一小会儿！
再坐一次旋转木马，最后开心这一回，
如果你呀答应我，生气抱怨我绝不会。

让孩子真的扔一个小球，当它被丢进任意一个容器里去的时候，就可以准备进行最后一个拥抱啦。

在坐最后一圈旋转木马的时候，可以创造出一些新的内容。试着给孩子创造一些动作上的小花样，让拥抱时刻惊喜连连。

一个小贴士
这可不是一个适合在睡眠时间进行的拥抱哦！

阅读第40页

对一些孩童来说，也许把阅读童谣和拥抱这两项活动分开进行会更加简单：首先阅读童谣，然后是拥抱时间，大人用自己的话向孩子解释要做的每一个动作。

但是另一些孩子会更喜欢将读诗和做动作同时进行。这样的实践会让你们找到自己最喜爱的节奏韵律，尤其是孩子最喜欢的那种节奏。

永远不要着急，因为一个需要用计时器来衡量的拥抱会令人焦虑，拥抱本身就失去了给人们带来快乐的能力。 可以先等待至少十分钟，然后再从容地去享受拥抱的时刻。

大人一边跟孩子玩耍，一边假装闻闻孩子身上臭臭的味道。闻闻你们的小孩，然后做出嫌弃的表情，或者假装被熏得晕过去。小孩子们都很喜欢这个小玩笑，你们会明白的！

洗衣机

我用衬衫和毛衣，填满洗衣机，
往滚筒里压一压，许多件衣物挤呀挤。
衣服揉揉皱，有点小臭臭，现在是洗衣服的时间，
三月四月五六月，每个月都有洗衣的好时机。

按下"开始"键，洗衣机转动起来多奇妙，
节奏有序又美妙，充满乐趣，从不无聊。
这钢制的洗衣滚筒，先快快转，又慢慢摇，
滚筒转呀转，我呀开心地笑啊笑。

为了重现平日洗衣机工作的场景，可以请孩子站在大人们面前，像一只小陀螺一样旋转起来。

咦，是什么在响？是离心机动起来啦，
把衣物甩起来，扭起来，晃起来……多么好玩呀！
甩衣服多有趣，好像电视播节目，
永远看不厌，一分钟也不想误。

忽然灯闪闪，"停止"键跳起来，
洗衣机呀停下来，我去把滚筒打开。
件件衣物洗得又香又清新，
妈妈把衣服看看又闻闻，说："看呐，洗得多干净！"

转了几圈之后，孩子又变得干干净净香喷喷的啦，快快重新闻闻他，看看他。

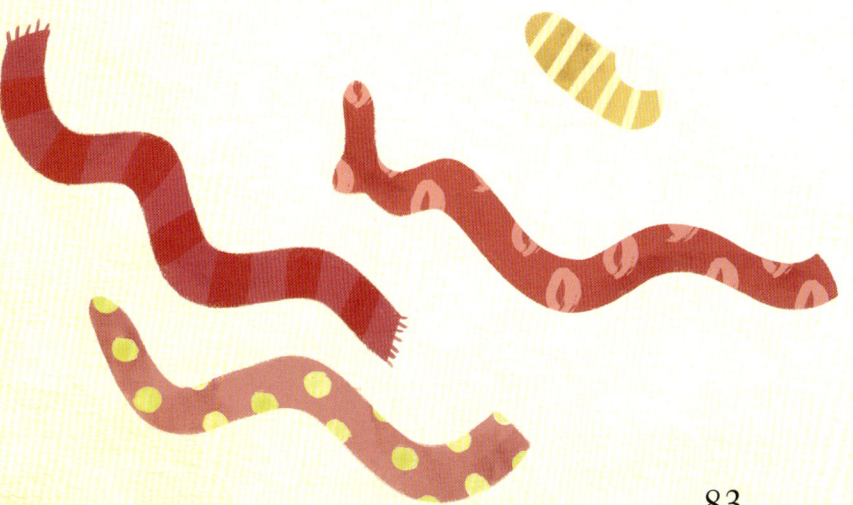

阅读第42页

拥抱能让人与自己的身体对话

当我们回想每日的生活体验时，首先发现的是，**我们生活在情感体验中**：当一件事情发生的时候，我们通过感官觉察到它，并形成一定的感受。只有在接下来的时候大脑才会给我们的这种感受下一个定义。在生活中的各个场景里，情感和思维如何一起运作，相应地给出特定情境下的反应，这取决于每个人自己过去的生活体验。

一个孩子会在与大人的关系中建立起他自己的运作机制，这个机制将伴随他的终生。训练孩子去倾听关注自己身体的状态，比如用一个拥抱来放松全部肢体，这是一项非常有用的能力。

教孩子慢慢地呼吸。当孩子逐渐放松下来的时候，父母就可以开始读童谣的第一节了。

让孩子把注意力集中在身体的不同部位上。每次念到一个身体部位的名称时，耐心等待几秒钟的时间，这样更有助于这个活动的进行。

雪的童谣

今晨好惊喜，我看到，雪花从天空中纷纷落下，
圆片形的小雪花白又白，覆盖万物像面纱。
看呀：房屋、街道、树丛、还有我的小花园，
这雪花啊，要把我的宝贝也盖在下面！

它落在你的小脸上，一片片，静悄悄，
鼻子尖，脸颊边，额头上，温温柔柔轻飘飘，
落在头顶上，像顶帽子，柔软又蓬松，
盖住脊背和小腹，冰冷霜雪做斗篷。

雪花洁白落手心，雪花冰凉落小脚，
雪花从头盖到脚，宝宝变成个雪宝宝！
我来轻轻吹热气，冰雪快融化，还我乖宝宝。

白雪都融化，身上不冷啦。
雪花白白，雪花冰冰，雪花软软，落在脸颊，
我的抱抱也是雪花，点亮快乐笑哈哈。

一边念着这首童谣，一边**轻柔地触碰与童谣内容相对应的身体部位**。面部，头部，然后背部，肩膀，接着是胳膊和双手，双腿和双脚：孩子在这时候要去想象，冰凉的雪花正在落在身体的这些部位上。

童谣以一个特别的爱抚为这次拥抱时刻收尾，**父母对孩子轻柔地吹气**，重新过一遍诗中罗列的身体部位。最后呢，动作要回到脸部来，轻轻地吹拂面部，用一个笑容来结束这次拥抱。

阅读第44页

一个小贴士
这个抱抱需要安静和放松，
一定要避免急躁哟。

在阅读拥抱时刻的童谣之前，从 **聆听呼吸** 开始，这是一件重要的事。让孩子腹部向上，平躺在一个舒适的平面上，轻闭双眼。现在呢让他吸气，让空气进入腹腔，要看到他的肚子因为吸气而鼓胀起来；吸气之后让他保持这个状态几秒钟时间，然后缓缓将气体呼出（一边呼气，肚子一边慢慢瘪了下去）。将这个呼吸的练习重复几遍，最好是大人和孩子一起来练习，亲子将呼吸调整一致。

叶子落了

对孩子用力吹吹气，或者扇动一把扇子，来帮助他展开对风的想象。

叶子落了，从树枝上掉下来，
在蔚蓝的半空里轻轻旋转徘徊。
当风儿用力吹拂，树叶就开始飞舞翩翩，
风带着叶子到处跑……风里的叶子有十片，三十片，一百片！

当风不再吹，叶子也都静下来，
只有一片叶，留在枝头摇摇摆摆。
一会摇向这一边，一会摆到那一边，
用尽全力挂枝上，留恋不愿离开树。

是呀，秋天来到了，叶片纷纷落，
但是还有一些叶子，令风儿也无可奈何！
因为呀，树叶发芽成长时，树枝的奉献少不了，
叶片深深爱着枝条，它们真想永远相拥到老。

但大家都要踏上旅程，或迟或早，
到底该走哪条路，我们要选好。
终于有一天，最后这片叶，也从枝头落下来。
现在十一月，清晨的阳光在摇曳，
"再见，我就要走啦，但我永远会珍惜，
我对于你的记忆，它一直会在我心里，我答应你！"

风儿拂过身体的各个部位。父母手拿一片叶子，用它轻柔地拂过孩子的身体。当这小小的叶片开始在小孩身上进行它的旅程时，父母就可以 **用手中移动的叶片给孩子一个有爱的拥抱**，从双脚开始，然后到腿，肚子，双手，手臂，再到头部，双肩，最后这个拥抱的抚触会结束在心口的位置。

拥抱结束的时候，把叶片赠送给孩子。

一个小贴士
请精心去挑选要送给孩子的和用于拥抱时刻的一片树叶哟，这样能让每次使用的叶子都不相同！

阅读第47页

索要一个拥抱

如果我们得到所喜爱之人的一个拥抱或是一次爱抚，就能感受到内心愉悦的情绪被激发。这是因为身体上的触碰能够促进荷尔蒙的分泌，而荷尔蒙能使人感受到一种深层次的快乐。它们作用于我们的身体，效果堪比那些治疗精神疾病的药物。催产素就是拥抱所激发的荷尔蒙。

身体里的化学反应促使我们去亲近给予我们拥抱并令我们感到快乐的人，引导着我们与之建立持久的情感链接。孩子用不同的方式来表达这一意愿，但成年人也会时常感受到这种需要，这种需求首先是同生存紧密相关的，其次则与健康幸福相连。

万物之声

把孩子抱起来，让他正面朝向你们。和他一起摇摆身体，先向右再向左。有节奏地发出"嘀、嗒"的声音，亲子和着节拍一起做摇摆的动作。

这个"呜——呜——"的声音会让你们的双手一起摇摆起来，就像火车头的齿轮在两声鸣笛之间的转动一样。

你们一起操纵一台小车，使它发出辘辘的声音，并且尝试向右和向左转弯。

"嘀、嗒"，钟表走个不停，
小小表针，分秒指得清……现在七点整！
"轰隆、轰隆"，汽车在轰鸣，
载着你呀向前行，挥挥手儿离家去。
"呜——呜——"，火车冒黑烟，
黑烟直直冲上天，在很远的地方都能看见。
"哗、哗"，游泳声音像歌曲，
一个猛子扎下水，蓝色世界多神奇，
潜、潜，摸到底，蹬腿游上水面去。
"啪、啪"，观众鼓掌声音响，节目精彩世无双！
快快再抱我一次，一小会儿也不停止。

读到"哗、哗"的时候，挥动双臂做出划水的动作，并逐渐加大动作的力度。

鼓鼓掌，然后用力拥抱一次，因为拥抱并不是无声的，而有着很美妙的声响。

阅读第49页

如果一个孩子从不索要拥抱,那么我们就应该问问自己了,为什么? **每个人都有着不同的气质性格,所以在向他人索求温暖时,需要多多少少做到清晰明确**。但这并不是让成人们不去尽教导成长中的孩子们的责任,不去告诉他们索取关爱和照顾会是令人愉悦的、积极的人生体验。大人们可以通过拥抱来告诉孩子们,当我们需要时,来自他人的温暖可以让我们变得更好,这一点将会被抱抱铭刻在身体里、头脑中。

说出自己对于一个拥抱的需要,这并非对于所有人来说都是一件容易的事,这个时候,个人需要整理组织好自己的语言,让他人明白自己情感上的需求。对于一些尤其在表达自己的需求这方面有困难的孩子来说,这会是一项能够帮助他们克服表达困难的策略。"如果你说今天没有太阳,我就会明白现在你需要一个拥抱。"

聆听这首童谣是非常美妙的,因为它能唤起热烈又温暖的情感。

两只小脚丫的童谣

一只伤心的小脚丫,走在小路上,
它肉乎乎,软绵绵,但是这样孤单又悲伤。
它碰到另一只小脚丫,它对这只小脚丫说:"你愿意和我做个伴吗?"
于是,它们一起去找国王的塔楼啦。

两只小脚丫走啊走,天黑黑,风怒吼,霜雪呼呼下,
两只脚冻得冰冰冷,因为它们没有衣服,连一片纱也没有呀!
冰像一根针,刺得脚跟疼,
大冷天里走出门,这很需要勇气呢。

为了能够结束旅程停下脚步,继续向前走。
赶走疲惫,我需要一阵暖风,轻柔地抚慰……
这不,忽然间,风儿吹起来,
冰化了,融化的雪水滴下来。

热风吹呀吹,寒冷的冰块融成水,
水滴在一只小脚丫上淌啊淌,又流到另一只脚丫上,哎呀喂!
小小脚丫温温热,洗得好干净。
小路边,长满云杉和松树,两只小脚继续向前行。

慢慢走,终于到达路尽头,快快看前面,
一个影子高高大大,形状圆圆,
到了,我们到了,那就是塔楼!
右脚先迈步,左脚赶紧追,小孩快跑哟。

这里就是目的地,我们走到国王面前啦,
一千只号角齐声吹,嘀嘀嗒嗒嘀嘀嗒。
两只小脚丫累极了,躺在沙发上,
困得闭上小眼睛……现在呼呼睡得香!

轻轻地按摩孩子的两只小脚丫,模仿童谣中所描述的各种体验感受:用一个手指尖去敲打脚跟,让孩子感受刺骨的寒冷;吹一口热气,好好按摩一下,让孩子的小脚暖和过来。

两只小脚丫还可以**快速地移动**,以此来模仿向国王的塔楼走去的步伐。

不要吝惜给孩子的爱抚,**在沙发上的放松时刻要多一些温柔的抚摸**呀。

阅读第50页

一个小贴士

这个拥抱像一次温柔的洗浴,父母和孩子的心灵在进行这个拥抱的时候能够产生共鸣。一个柔软、肉嘟嘟的小脚丫的形象会拉近亲子之间的距离,促进大人和孩子肢体上的亲密互动。

有益于创造力的拥抱

一些大人可以变成真正的拥抱魔法师。对于一个大人来说，看到一个孩子从简单的拥抱中获得乐趣，这是件令人满意的开心事，这会激励父母每天都以不同的形式和自己的孩子互动，创造出越来越多有趣的方式。

为了更加丰富每首童谣中穿插的小提示，一个有用的建议是：将与孩子肢体互动的拥抱动作与受童谣小贴士内容启发而产生的方法手段结合起来，同步进行。比如，对声音进行模仿，使用一些物品来唤醒各种不同的触觉体验，对孩子身上轻轻吹气，以及让孩子嗅闻香味。有许多手段方法可以令拥抱中的感官层次变得更加多重丰富。每个人都会在拥抱中形成自己独有的偏好，每次拥抱时刻都可以更多地丰富完善各个细节。在家中，有无数物品可以作为绝佳的道具出现在拥抱时刻里：用梳子齿刮刮背，用香粉刷在脸颊上轻扫，把棉花团按在鼻头上，再用一点玉米面粉给手臂磨磨砂……在玩耍中尽情发挥创造力，这样的活动对大人和小孩来说都很棒！

旅行箱

真正准备一个小小的旅行箱（或者旅行包），这对于孩子来说会是一种很美好的体验。小箱子里放的是童谣中所提及的物品，在进行亲子互动的活动时，一次拿出一件东西，营造一个特别的拥抱时刻。你们可以把诗里说到的所有物件都放好，也可以选择只放置部分物品。这些物品可以是稀奇古怪的，但它们在拥抱时刻里对孩子产生的影响也同样重要。

旅行箱里装满东西，我们看看有什么：
一把梳子，它的齿至少有三十三个，
你拿它来梳梳头，梳子在头上慢慢爬，
它在头发上动来动去，多像一条蛇啊。

我找到一把发刷，用它梳理你的卷发。
当你闹脾气的时候，我来给你擦擦眼泪吧，
就用衣服口袋里那块漂亮的手帕，
是那件紫红色上衣的口袋呀……

一瓶香水香又香，它就藏在行李包，
我来给你喷一点，快把眼睛闭闭好。
香气浓烈多奇异，嗅嗅这芬芳！
香水洒在你面庞，飘满房间处处香。

还有高尔夫运动服，两只袜子，一条长围巾，
拖鞋和便鞋，还有两只靴子。
一个天鹅毛做的粉扑，化妆刷也有两支，
有涂嘴唇用的口红，还有解渴的果汁！

我的行李箱，是个百宝箱哟，
箱里宝贝数不尽，金银财宝全都有。
里面有什么，现在你已全知道，

一个小贴士
以这首童谣为开端，去创造更多各种各样的拥抱吧。

拥抱时刻的行李箱对孩子来说会是一件珍贵的宝物，它将会丰富孩子在拥抱时刻中的宝贵体验，而这份体验将被保存在记忆当中。

 阅读第52页

拥抱时刻的收纳箱里，有四件非常特别的物品。

并不是所有人的家里都有粉刷用的滚筒，家里有滚筒的人则会尤其将它用于其他目的，这些用处包括将它应用在拥抱时刻里。此处可以有两种应用方法：或者用双臂做出前后滚动的动作来模仿滚筒的运动，或者干脆购买一个小滚筒（就是那种粉刷工人用来修改或修饰的小滚筒），这样的方法会让这个抱抱变得美妙无比。

物品收纳箱

一个棉团沾满爽身粉，柔软爽滑，
我把粉扑在脸上，先轻轻拍，后用力搽。
我吹一口气，它就像朵白云，缓缓飞走，轻轻软软，
在空中飘来飘去，从不疲倦。

滚动那结实的滚筒，它是粉刷匠的好工具，
它在宝宝的背上滚呀滚，上来又下去，
它先迅速停下，然后滚着向前跑，最后在背上滑呀滑。
如果你也喜欢小滚筒，明天就把它送你啦！

锤子在墙上用力地砸，
砸在一根钉子上，一下又一下，
锤子砸呀砸，钉子往墙壁里钻呀钻，
钻进墙里看不见……只剩一个尖尖在外面。

柔软又精致，一把小毛刷，
毛刷从顶刷到底，从帽刷到鞋呀，
轻轻刷在你的眼皮上，又在脸颊边转个圈，
最后从脖子往下滑，滑到肚皮边。

行李箱和收纳箱都可以因大人和孩子所收集的物品变得丰富、个性化。比如，一块在登山旅行中捡到的特别的石头，一支羽毛，一小块木头……

 阅读第54页

如何把大自然融入一个拥抱中

大自然为我们提供了无尽的灵感，让我们能够编出精彩的故事，创造出花样迭出的拥抱，同时帮助孩子去发现自己所生活的环境：蝴蝶的变态发育，水的循环，种子的萌发。这些自然的事物都能被编成小故事，都能被应用在和孩子的拥抱互动中。思维和身体在这一形象化的过程中协调一致，共同作用，丰富孩子的想象力，并且让他体验到各种不同的情感。父母们可以从**身边的现实生活里选取素材汲取灵感，给孩子不断创造丰富新鲜的拥抱**。

孩子的身体在拥抱时刻里会变成一块很大的需要耕种的土地！

农夫

有一块庄稼地要播种，
但要先犁地和开垦，然后才能去播种。
拖拉机在柔软的大地上开呀开，
轮子没进土地里，发动机轰隆作响转起来。

为了模仿耕地和开垦的样子，张开一只手，用轻轻的力度挖地和翻动草皮土块。

现在，需要在那些小小的犁沟里撒种了。在孩子的身上轻轻地捏几下，来表示播撒谷物种子的动作。

在开垦好的土地上，现在把种子撒下去，
这件事情慢慢来，不能焦躁不能急！
现在土地播好种，有一天禾苗会长出，
庄稼地要喝水，天赐甘霖和雨露。

用手指头模仿纷纷落下的雨点，雨水湿润了这块土地的每一个角落。

作物生长靠太阳，阳光灿烂热量足，
雨露滋润庄稼地，蒸汽升腾，雨水蒸发变成雾，
微风吹拂万物干爽，清晨夜晚好清新，
农夫把一切都看在眼，把对好收成的盼望藏心里。

为了模仿吹拂的微风，需要造出一些风来，有时候要弱些，有时候要强些。向孩子的面庞吹气，先要轻柔和缓，然后要加上一点力度了！

生产作物收成多，农夫做得多么好！
对待土地和种子就像对待自己的孩子，他把庄稼精心照料。
农夫辛勤劳作，带着希望，耐心满满，
金秋好丰收，人人都喜欢。

终于到了充满惊喜的收获时节：该由你们来讲述每一次的新发现了，因为这块土地十分宝贵，这里能长出许多不可思议的神奇事物。

阅读第56页

花朵的童谣

在孩子手上轻轻捏拧一下，模仿玫瑰的尖刺。

报春花开，春天到，
花朵向太阳，丝丝香气飘。
玫瑰的尖刺扎到手，
加上力度又慢悠悠，捏一下小手有点疼。
一朵黄色的向日葵，跟着太阳转啊转，
它转呀，转呀，转呀，一直转到下雨天。
温柔的水滴纷纷落，滋润茉莉花，
浓浓芬芳喷鼻香，朵朵洁白是芳华。
清风微微来，在空中纷飞的哟，
是那阵阵花粉，乘着风儿传播。
现在闭闭眼睛，有一片花瓣，
挠挠你的脸，你的脖子，最后落在心间。
你听那"咚咚"的鼓点正在奏响生活之歌，
现在你到花园里去，寻找雏菊花一朵！

这首童谣的第一部分能够帮助孩子想象各种花朵的样子！让孩子在脑海中想象一朵五彩缤纷的报春花。

该怎么表示向日葵呢？可以把手掌当作那大大的花冠，模拟出向日葵花朵转动的样子。

触触孩子的小鼻子，让他装作嗅闻茉莉花的样子。

阅读第59页

制作一朵简单的花儿就能模仿那轻柔地抚过全身的花瓣和花粉啦！

一个小贴士

在一根细管上粘贴一个棉花团或者拿一朵鲜花。然后，用这朵"花"轻柔地扫过全身，接下来让花朵用一种特别的方式在脸部停顿一会。用花儿绕着孩子眼睛慢慢地转圈，然后是嘴唇，最后再到脸颊。